ÁNGELA SUAZO

COLMENA DE LLANTO

ÁNGELA SUAZO

COLMENA DE LLANTO

HUERGA & FIERRO editores

Diseño de Colección: Huerga y Fierro

Primera edición: 2024

C/Sebastián Herrera, 9
28012 Madrid-España
Telf.: 91 467 63 61
www.huergayfierro.com
huerga@huergayfierro.com

I.S.B.N.: 978-84-129307-0-2
Depósito Legal: M-23681-2024
Impreso en Romadac Industria del Libro
Impreso en España/Printed and made in Spain

COLMENA DE LLANTO

A ti Ángela de Jesús Suazo García, madre mía,
que acunaste mi amor con devoción rabiosa,
que brindaste generosa, tu fuerza y tus sueños
para alimentar los míos.

A ti, que tejiste un panal para las dos de donde
la miel de la vida manó, mana y manará.

Parte I
FUI CARNE CON TU PIEL

las abejas
tallan panales en la vida misma,
con tumultuosas e inflamadas alas
reparten vida.

como ella.

la historia del enjambre no concluye en la rama donde cuelga,
en cualquier hueco
el panal encuentra su hogar.

como yo.

el panal está tendido,
sobre sus paredes
cuelga la muerte de la muerte
pegajosa, dulce y brillante.
ha nacido una reina.

nadé a tientas en tus tibias aguas
volé sin miedo tu abismo
tejí con tus hilos mis huesos.
llegué como quien no se espera.
sonreí, cansada y con hambre.
mamé tu guerra y
la paz buscaste en mi aliento.
tu sal, tu vida,
puerperio de niebla
y saltos mortales.

fui carne con tu piel.
fui latido en tu latido.
fui yo contigo.
fuiste tú,
                madre,
                              conmigo.

es la madre lo que te hace hijo,
no la vida.
sal y salvia
carbón, pan y lápiz
parido.
cosido y remendado,
guisado y malinterpretado,
ocupado, invadido
aniquilado.

pero no era cualquier madre,
era como la Madonna de Leonardo
que dio de mamar
contradicciones
culpabilidad,
pero no era cualquier hijo
era uno
que creció atado a las espinas de su amor.

las abejas tienen cinco ojos,
saben ver cuando no pueden
cuando los niños intentan caerse
cuando sales con un mal hombre
o te besan por primera vez.
en las buenas y en las malas
en la salud y la enfermedad.
y cinco más
para el marido,
las amigas y la suegra,
el pediatra y las vacunas
cinco más
para sus arrugas,
la cicatriz de sus cesáreas (una sobre otra),
las patas de gallina,
las libras que cuelgan del bajo vientre,
y los huesos de su alma
rotos.

cuéntame otra vez
la historia de ese día
en que al lado de mi cuna
el abuelo te decía
«mira ahí
el regalo que tanto querías.
mira ahí tu cotorrita».

cuéntame otra vez
que no me sabías peinar,
que no te gustaba cocinar,
que preferías dormir a lactarme.
que mi dolor
te arrancó el sueño de cuajo,
una y otra vez
hasta el último día.

que no bien supiste
que era niña
celebraste el milagro
de la compañía eterna.

cuando escribo
soy de mi padre
la hija que nunca fui.

sombra que cae
a mil kilómetros del sol,
pero por más que corra del árbol
la alcanza
abraza su forma
y lo besa.

nunca quise ser hija única
ahí está. ha sido dicho.
se hizo sentencia
y voló fuera de mí.
lo estoy viendo
en estas palabras escritas
con una vocecita chiquita
y temerosa.

lo veo fuera
pero me pesa dentro.

quise un otro,
uno bueno y perfecto,
otra,
dulce y tierna,
dedicados a las medallas
y yo
a los platos rotos.
quise,
pero el podio de espinas
era solo para mí.

ni yo vestí de bata con lazo
ni tú tuviste malestares.
yo tejí baberos, tú no.
no lacté, tú tampoco.
fuiste madre,
yo también dejé de serme
para serlo.

nací obrera
mis huevos no tienen alas.
mi colmena
se fundó en mis ovarios,
pero no es mía.

tu cuerpo es tuyo
pero tus alas no,
están encadenadas.
estudia
trabaja
cásate
espera

ahora sí

parir
parir
parir
servir
servir
servir

retírate
busca la sombra de la madre que no eres
acúnate en un nido
lleno de blancos huecos
envejece
muere
asegúrate de haber cumplido,
solo entonces empezarás a vivir.
si crees en el paraíso.

visita flores
besa anteras y filamentos
pósate y recoge
vuela
y deja la vida a tu paso.
despréndete.

las abejas
van cristalizando sobre patitas
las paredes del enjambre de mis anhelos.
el precio de serlo, el costo de intentarlo,
el valor de lograrlo.
abeja reina que guía.

como yo.

Parte II
TIEMPO

hay una abeja
durmiendo los miedos del panal.
ocelos que huyen del sol
y persiguen las sombras

como yo.

ella bailaba en círculos,
el panal estaba cerca.
si coleteaba, lejos.
en zigzag y dando vueltas
danzaba sobre el tiempo
con ímpetu
una cadena de entrañas susurra
es hora de néctar y colmena.

vestía como reina,
entre miles de obreras,
ocho a cinco
diplomas y medallas.
centenares de zánganos
con varias colmenas a la vez,
volando a su alrededor.
el suelo cuidadosamente barrido
briznas en orden de tamaño,
la mejor miel.
rutina por éxtasis
y por reto caminar a ciegas
sobre huevos de otros tiempos.

ella huía,
protocolo de ocho a cinco
un trono y un diploma
por guarida.
la libertad entre comillas
fue una cadena de renuncias.

tú no eres melífera
fuiste elegida
para incubar y multiplicar.
evitarlo es pecado.
eliminarlo, ignorarlo,
postergarlo,
evadirlo, también.
es hora.
haz lo que tienes que hacer.
ahora.

debí
ser flor
brotando en el momento perfecto.
pétalos maternales
abrazando un fruto del amor.
debí.
lo intenté.
pero pétalos rojos
recorrían mis piernas,
crucificando mis esperanzas.
lo intenté.
debí.

empiezan al alba,
pero se coronan en tinieblas.
aman sus huevos,
abrazan sus larvas
sin alas y sin patas.
comen y crecen.
a la hora de ninfarse
cierran las puertas,
su cuerpo cambia de color,
le salen las alas
investidas
toca
trabajar.

exprime la tristeza
hasta dejarla dormir en una mecedora,
va cazando
distracciones en horas muertas,
sangrando la sal
que la nutre y engrandece.
abeja,
como ella
como yo.

quise llenar de maravilla
los vértice de mi colmena,
uniformes planchados y tres comidas,
pero no supe planchar.

la muerte salió de mis entrañas
el día que viste la vida.
amaneció bañando en miedo la mecedora
una sombra me asalta
en cada caída,
en cada tardanza,
ausencia o fiebre.
cada ala que se aleja de mí
y yo
esperando de rodillas
que no suene la llamada que espero.

yo también he estado tentada
a decir que me marcho para no volver,
de regodearme en el miedo de mis hijos.
mientras me ruegan que me quede
y levantan un muro entre mis alas,
yo también…
pero no soy tú.

no soy valiente porque parí
ni por trabajar de madrugada
criar con un solo apellido
o llorar a la sombra de un moisés.
valentía es sembrar un cactus
en terreno seco,
abrazarlo
y verlo florecer.

reina manando miel,
montaña pariendo ríos
agua, madre y matriz
incubando monstruos.
virgen sin cristo,
amazona sin caballo,
Perséfone sin antorcha,
dinastía divina
el bochorno de la preñez,
la vergüenza de desearlo.

tú sí sabes
lo que ellos necesitan
por qué lloran
qué les duele
¿hasta cuándo?
¿por qué?

en el seno de la colmena
todas se aman y se ayudan,
si hieres a una
me hieres a mí.

fuera de la colmena
no sé quién eres
no te conozco
nado de espaldas
mi lengua como arma china
te niega
aunque voy buscando
el mismo tesoro
que buscabas
                    tú.

dime reina
¿y tú a quién obedeces?
si ni siquiera te puedes alimentar sola
si dependes de las risas del enjambre
para que hagan eco en tu vacío
y creer que ríes.

yo no doy órdenes
ni estoy sometida
me escondo en el poder de ser la última en comer,
la última en salir
resido en el espíritu de la colmena
que salió de mis entrañas
repoblé mis hijos con mi piel.

el espíritu de la colmena
el instinto del pájaro
cardumen y manada
familia.
especie que aspira a volar
y se pisa los pies.

las abejas reinas
disponen sin piedad, pero con discreción
del bienestar y la libertad de su colmena.

como ella.

Parte III
YA ESTÁS REALIZADA

las abejas
son incansables
y altamente eficientes en su trabajo.

como ella.

fuiste
todas las mujeres que podría ser.
me enseñaste a ser hija y nieta,
madre, abuela,
hermana y cuñada.
sobrina y tía.
ahijada y madrina.
fuiste amiga en mayúsculas,
enemiga a boca llena.

estudiante y maestra
chofer y pasajera,
panal y abeja reina.

todas esas,
las mujeres que eres
están parqueadas a la sombra
entre la reina y las obreras,
ninguna supo jugar.

me enseñaste todos los verbos
donde habita la mujer que eras.

la primavera de mi vida
estuvo sobrevolada de zánganos,
la vieja soberana
me susurraba mi deber.
me dejaba posarme en varias ramas
me exigía un enjambre
me empujaba al vuelo nupcial.
yo era larva real
debía serlo, al fin y al cabo
era hija de una reina.

volé,
me fecundaron en el aire
volví a tierra
alimenté y crie
recordando
                    lo maravilloso
                                        de volar
y el dolor de no hacerlo.

solo hago lo que quiero,
ni tengo ni debo existen para mí.
desobedezco.
mi niña tiembla castigada
en una esquina invisible.
mirando un suelo tramado de reclamos
que me suben por las piernas
cuando intento volar.
solo hago lo que sé:
levanto una pierna,
solo hago lo que puedo:
aleteo.
solo hago lo que quiero:
vuelo.

aprendí a cocinar porque no sabías.
tomé clases y bordé pañitos de bandeja.
aprendí a poner la mesa y a recibir invitados.
clases de inglés y mecanografía.
la universidad una, dos, tres veces.
la tuya, la mía y la nuestra.
viajé en helicóptero
con más miedo que vergüenza.
me casé, parí, me divorcié,
me casé, parí, me divorcié.
todo eso,
porque no sabías freír ni un huevo.
pero
        yo
            sí.

solo hay cinco tipos de mujeres:
la *vivita* y *mosquita muerta*,
vividora e interesada.
la *fajadora*, trabajadora incansable que no se queja
y *todas las de la calle*
las que eligen con la piel
y bailan descalzas.

la *mártir,* abnegada, dócil
como ella,
como todas las que honraba.

todas,
las que no fueron,
las que se dieron.
todas, menos yo,
que fui mujer
cuando dejé
                    de ser tu hija.

quise bordar
con un punto de cruz perfecto
el retoño que deseabas,
doncella vestida de princesa
sentadita, peinadita y bien puesta
sobre un sillón con un vestido de encajes.

que canta
sana sana,
una muñeca que responde
a tu señal,
bien pude
mal hice
anudarme a un panal tan ajeno
que me quedaba grande.

la fe que practicaste
está escrita en tu propio libro
amar, servir, dar.
exigir, medir, juzgar.
cuidar, brindar, proveer.
esperar, llorar, luchar.
vivir, jugar, bailar,
trabajar, ahorrar, comprar.
pagar,
sacar en cuenta y en limpio
cobrar.

escribiste el diccionario
de todas las verdades.
definiste en tus propios términos
todo lo bueno, permitido y aceptable.
todo lo real y sincero.
toda, toda la verdad.

te leía
con los dedos cruzados,
tomé notas al margen
mientras espiabas sin cesar
buscando
vicios, pecados y fracasos.

leía jeroglíficos que nunca entendí.
hasta que parí
y comencé a escribir.

hay una reina
que lo unió todo.

que lo hace todo.

amamanta
hace manualidades y canta villancicos.
provee,
cambia gomas y tanques de gas.
¿papá?

como fiel mensajera de la primavera,
con mi vuelo llegaron tus flores.
acuné en tus alas el trance hipnótico
que quiso significar y ser
el dulce susurro que te hiciera sonreír,
pero tus destellos eran escasos,
en verano se avispaban
en invierno se escondían
en otoño,
solo en otoño, cuando nadie busca calor,
veías el rojo que dejaba a tus pies
y sonreías para mí.

las abejas
tienen una estructura social
altamente organizada dentro de la colmena,
con roles y tareas bien definidos para cada miembro.

como ella.

Parte IV
YO SÉ LO QUE TE CONVIENE

las abejas
son conocidas por
su dedicación a la colmena.
su compromiso constante,
labor incansable
en beneficio de la familia.

como ella.

he sido
basurera y nodriza
cerera, cerera, cerera,
por veinte años.
guardiana
recolectora
nunca reina.

unas nacimos con las guirnaldas en las manos
construimos panales, aunque se rompan.
no visitamos flores, no abandonamos el puesto
ni en tiempo de guerra.

saqueadoras de miel ajena.

mi ciudad y sus seis paredes
empobrecida y despoblada
todos desalentados.
y en las manos
una guirnalda y dos alas
para comenzar de nuevo.

abeja reina

quisiste que mis pañales fueran de seda,
que el suelo donde caía
fuese un lecho de algodones.
quisiste que todos mis amores
fueran para siempre.

quisiste ser burbuja
salvavidas
oasis.

pero solo eras
tú.

abeja obrera

yo quise ser la muñeca
que tu muñeca quería
para jugar.

las niñas ni saltan
ni se ríen duro.
las niñas cruzan las piernas
y saben bordar.
las niñas no toman,
las damas no sienten,
las mujeres sufren.

pero solo era yo.

colmena

quisimos ser un brindis de luna
de miel,
solo fuimos
un cóctel de hormonas.

el beso de filos de espada.

para ti todo y para mí también.
quisimos ser domingos
hacer pastel
y ser helado.

pudimos serlo. quizá un día lo fuimos.
los dioses de las tempestades
vestidos de sangre
nos hicieron confundir
palabras con proyectiles
y la casa con un campo de batalla.

pero solo éramos nosotras.

la vida que viviste por mí
pesa mucho

¿se aceptan devoluciones?

Desmaternar...
carta de renuncia
sin previo aviso

«busca un zángano
rechoncho y perezoso.
sé colmena».
no quiero.
«eres la única capaz»
NO QUIERO
«pero serás la reina».
pero no quiero
«pero serás la reina»
¿y mi trabajo?
¿y mi profesión?
¿y mis amigas?
«pero serás la reina».

la colmena se cerró sobre mis alas
quedé entre hexágonos a mi medida
y a la de *mis sueños*,
que no eran míos.

no recuerdas mis recuerdos
los lugares donde mi infancia
saltó en un pie y pintó estrellas,
te pasaron de largo.

ni cuentos en las noches
ni horneando galletas
haciendo la tarea
o en un paseo escolar.

peinándome
algunos recovecos de mi infancia
se anularon bajo una sombra clara y definida.
no es necesario recordar.
mejor reconstruir.

lo acepto
soy hija del amor
aunque él
                no
                      me
                            amó.

nací con aguijón de abeja
resisto
mato
y
muero.

si lo de la teoría es cierto,
te elegí
y contigo hice mías
todas las heridas de tu amor.
a todas las ramas de un árbol frondoso
que da vida y vive en mis pasos.
elegí contigo la forma de bailar,
la verdad respecto al trabajo.
y el mal carácter los días de luna llena.
los usos del pintalabios rojo
y el largo perfecto de las faldas
de una mujer decente entre comillas.
elegí la forma de perdón que era tu religión.
el placer por dormir,
y las historias de la realeza española.
lo que no elegí,
me vino en borbotones, me inundó
y besó con sus espinas todos los paraísos
donde creía vivir.

jugar a muchas cosas,
a cocinar y hacer de maestra
a ser actriz
o bailar desde un disco de vinilo
con polvo talco en los pies.

jugar al médico y a la escritora
jugar a maquillarse
aunque fuese una sola,   solo una vez
querer ser como tú,
                              pero
                              rompí el pintalabios.

esa noche de castigo
y sin cenar,
descubrí
que no era seguro pintar mi sonrisa
del mismo color de la tuya.

no sabías nada de mí.
ni de mis cuatro tatuajes
ni de mis mil amantes
ni del miedo que tenía
a que supieras más de mí.

a los nueve
escribí en una tarjeta
con letra redonda inocente,
virgen sumisa,
dulce ingenua,
que *haría todo lo que estuviese en mis manos*
para hacerte feliz
y no fue cierto
no lo hice.

las abejas
se comunican bailando
danza en el jardín,
madre que baila
en el corazón de su hogar.
aquel danzón cubano.
aquel merengue viejo.
aquel bolero amargo
y yo queriendo seguir tus pasos
agrié los míos.

somos expertos
todos saben de madres
tienen respuestas, medidas
y exageradas diademas de deidad
para las que se ganan la gloria.

parto natural
mamadera o no
lactancia a todo tiempo
        lactancia a toda costa
yo
en el baño y sin peinar
        buena madre
        summa cum laude.

las abejas protegen su colmena
y su reina
de cualquier amenaza externa.

como ella
como yo.

Parte V
MÍRAME

las abejas son conocidas
por su tenacidad y persistencia
para enfrentar desafíos.

como ella
como yo.

«si no te levantas
la casa dormirá contigo»
se tumbarán a mi lado las paredes
al abrazo de puertas
y ventanas cerradas sobre sí.
la estufa dejará enfriar el agua
y los niños olvidarán jugar.

«si no te levantas
vendré a arroparte y no me iré,
me dormiré contigo», dijo ella.
y yo que odiaba escucharla roncar,

me levanté.

mi muñeca
solo era mi muñeca para mí.
para ti era «lo cara que salió»
«lo grande que es»
y «lo mucho que canta».
la otra, yo…
no canté
era una muñequita que ni sacaba cien
ni perdía peso.
no sabía inglés
ni se calzaba los pies.
mentía en defensa propia.
era dócil de la boca para fuera.
maga por dentro.

ella es la madre del néctar,
besa las flores con sus labios dorados
me lleva de las manos
y pone el néctar en los míos.
me da de comer
y me enseña a pescar.
o lo intenta.
o yo lo intento.
y lo logra
o yo lo logro.
beso las flores con labios dorados
palpo el néctar que me amarga
lo mío no era pescar.

hay una mujer con un duelo a cuestas
que me hace reír
me hace cosquillas
y se seca la mejilla izquierda.

me pincha los cachetes
me canta entre apodos
ratona, cotorra, gorda,
mi muchachita.
y se seca la mejilla derecha.

crónica de huesos tristes
jugando al circo
con las heridas de una niña feliz.

hay una mujer musitada
de la boca hacia dentro
que se esconde en mi risa
y delira danzando entre mis carcajadas
untándose de mi inocencia
curando sus lágrimas
mientras yo río.

según quien cuenta mi historia
soy como ellos, los de él.
quiere decir que no soy ni tan bella
ni tan fuerte
ni tan buena,
como ella.

pena de yo.

mi única aspiración
era esa,
ser como ellas, las de ella.

te engañé muchas veces
en especial con la vecina.
me paseaba ante tus propias narices de su mano
buscando entre sus brazos
alegría.

si ella nunca dudó,
yo tampoco,
fue un parto a primera vista.
mi primera palabra fue suya y no tuya;
se ufanaba en decir, y tú
mordías el aire.

ella vestía blanco y de flores,
me abrazaba con una fragancia dulce,
una voz gruesa, amorosa y tierna.
Sitio fijo en una mesa compartida,
una rutina que me invitaba
a echar raíces en tierra ajena.
no hay sentido en negarlo:
ella también fue mi madre.
yo te fui infiel con la vecina.

mi madre
nunca me habló de amor
solo habló del amor que perdió
nunca habló de amar,
no supo hacerlo.
en cada intento
mordió con todas las estrías
besó con sus cicatrices
abrazó con huesos secos
dio cuanto pudo
cuidó como supo
acunó
protegió
ella

amó.

los escudos no nacen silvestres,
unos se heredan
otros se levantan del piso
llenos de polvo y lodos de otros tiempos
entre vidas
con el propósito
único y firme
de no seguir sangrando.

ni las guerras, ni las heridas,
ni la forma de lamerlas.

todavía le estoy buscando el sentido
al cataclismo que brotaba de mis ojos
cuando por capricho tuyo.
no le dabas permiso a los míos.

cuando preferías elegir por mí
mientras yo quería aprender a elegir sola
y me decías
las lágrimas de hoy
me las agradecerás mañana
y yo ni lo agradezco
ni veo ni entiendo.
quizá ahora
cuando mi hija quiere elegir sola
y por capricho le digo que no,
sus lágrimas agradecen las mías,
que me vuelven a bañar los sueños
de una quinceañera
que duerme vestida para salir.

te vas a arrepentir
me vas a dar la razón

te vas a acordar de mí
yo no te deseo el mal

todo lo hago por tu bien
yo tengo la razón.

repite conmigo:
yo tengo la razón.
yo tengo la razón.
yo tengo la razón.

yo repetía
en mis entrañas:
yo tengo la razón.

sigo respondiendo al mismo nombre
con el que me llamó mi madre al nacer.

hubo días donde la montura de deidad
me quedó grande. otros,
me estrechó a la hora de volar.

quien me nombró
etiquetó mis pasos,
adosó alas en mi espalda.
puso un seño,
tatuó un cielo
y plantó un arpa en mis pies.

sigo respondiendo a tu estela
sigo buscando mi mar.

mi madre llenó mis tablas
con mil mandamientos.
no robarás
no engordarás
no te deprimirás
me amarás sobre todas las cosas
no tendrás compinches
no andarás con hombres casados
nadie te quiere más que yo
tienes el pelo malo
tú eres inteligente porque eres hija de tu papá
y grande y gorda porque eres hija de tu papá
te gusta leer porque tu abuelo leía
te gusta escribir porque eres uno de ellos.
tú no eres artista, coge clases de computadora.
¿qué tanto libro eh…?
agradéceme ese cuerpo que te di
ese colegio que te pagué
esa educación que te obligué a tener.
estoy orgullosa de ti.

las abejas marcadas llegan solas,
siempre vuelven a su cueva
la reina relame sus heridas con el mismo veneno.

como ella
como yo.

Parte VI
RECUERDOS SIN DUELO

Las abejas beben sudor y lágrimas,

pero no mías.

como ella.

de mis sueños
se descolgaron
mil pesadillas.
en todas caminaba con tu sombra.

me abrazaba un viento frío
cabalgando un hada vestida de negro.

me arrastraba una nana para dormir
sin rima ni versos dulces

traigo la alarma sin sonar
de todos tus silencios.

ya vi el paisaje que quiero pintar,
siluetas de ángeles y perfiles de demonios
una colonia sin reina
días sin miel
una montaña que llovía sobre mis pies,
mientras
te escuchaba
dormirme los espantos.

noche buena
es donde tú estés
y no estás.
los villancicos
no me crecen dentro.
ni amanecen
al pie del árbol ilusiones
envueltas en papel.

la noche ni es buena ni es vieja
ni es canto de gallos,
ni tiempo de reyes
ni cuna de pastores.
lo bueno de esa noche
es que era tuya.

reír de tristeza
tu ausencia
en las tardes de niebla,
colar café solo para mí,
no tener miedos donde escoger
para vestir el futuro
ni espejos
donde probarme los sueños.
saber que después de esta tormenta
un eco de sal,
rimará con tu paz.

viví tu muerte varias veces.
en unas jugabas
a quedarte dormida.
amenazabas con marcharte,
te dolía la cabeza más que ayer
o de repente la espalda
no te sostenía más.

hasta que todos los escenarios
bajaron los telones
y quedó entre mis cortinas
la esperanza de que
al final me sorprendieras,
pero perdí la apuesta.

en todas morí contigo.

aún no me perdono
el café que se enfrió cada mañana
ni las prisas que no alcanzaban para decirte
buenos días como esperabas.

me guardo cierto rencor
por no haber puesto más globos
en tu último cumpleaños.
por haber cedido a la rebeldía
aun cuando sabía que algunas batallas
eran efímeras.

no me perdono
haber perdido de vista el final
hasta que lo tuve
muy cerca.

el himno de las madres
y la cobardía de no cantarlo.
líneas que me asaltan y me llevan
arrastrada hasta mis seis,
despertar jugando a sorprenderte
sin más regalo que esos versos
que hoy me hieren.

en tantas canciones.
en las rosas…
tarjetas que no volveré a firmar.
ese frío que temo visitar;
el de tu mano, el de mi pecho,
el negro de esa suerte de altar.

me dueles en mi soledad,
que tantas veces fue tuya.
en los monstruos y en las pesadillas
en mis fiebres, en mis errores,
en el éxito,
en el consuelo de imaginarte celebrar.

me dueles tú.
joven, tan hermosa.
adulta, vestida de fuerza.
vieja, abrazada al temor.

tú, ausente.
hoy me duele al despertar,
y es mayo

otra vez.

volveré a verte
por eso salgo a escribir para ti,
para dejar migajas,
que deshagan tu camino sin esfuerzo.

me dedico a casar colores con sabores
trozos de tu vida
y las raíces que dejó en la mía.

escribo para verte
en mañas y antojos ajenos,
tuyos, nunca míos.
para verte en el vestido de flores
que me pongo para abrazarte.

escribo
para que me asaltes en el reflejo
del recuerdo
de que no te veré más.

he hecho las paces
con tu ausencia
no esta de hoy,
la otra
en aquella velada a los diez
el cumpleaños de los ocho
la de ayer.

debería estar prohibido
rebuscar entre fotos viejas,
buscar agujas en ese pajal de papel.
¿para qué seguir hurgando
en esa lata de galletas?
en ese álbum de espiral
leyendo en el reverso de fotos
algún sentido de felicidad.

hoy me hundí en algunas cosas,
unas que necesitaba
y otras que prefería olvidar:
el brillo de la sonrisa de mi mamá
en sus años mozos.
aquel novio que tanto la quiso,
esta casa cuando eran paredes,
y cuando ya fue ser hogar.

qué afán el de traerme
unos aretes que no sé dónde están.
una blusa que olvidó el rumbo hasta mi closet,
y tu mano en mi mejilla.
como en esa foto que encontré mientras
jugaba a olvidar,
y una aguja dio conmigo,
con tu ausencia
y el pecado del intento de olvidar.

el amor
si se sirve en vaso doble,
mutila.

dejé de ser hija,
retirada
o desbandada,
me he lanzado a un pedazo de vida
inevitable.

el que pierde a su madre
está
solo

para siempre.

tus lágrimas, que son las mías,
perdieron el color.
no tiñen el cuello de tu camisa
ni bordan tus mejillas.
no rompen tu noche
ni cuentan el frío.

ya tus lágrimas no vuelan
ni de espanto ni de quiebra,
ni de risa.
no salan el mar
ni cantan la paz.

abeja reina,
ya tus lágrimas
se durmieron en el canto de las mías.

ya tus lágrimas no lloran más.

no es el año,
que hoy es uno.
no es la suma de los días.
o la resta de la vida.
es que no estás.

punto.

cuando las abejas
despiertan en una colmena vacía
trepan sobre las muertas y las heridas.

emana de su pecho una lágrima seca
insensible, dirán.

vuelan a su propio
final.

las abejas
afrontan la vida en torno a las flores.

la reina va ebria de sus alas
obedeciendo el paraíso,
elige para ella un amante
a la medida, el más fuerte que alcance
la soledad de su trono,
que no corra cuando ella vuele.
va dejando en un ópalo infinito los suyos.
sus alas le dan el último esfuerzo
el elegido la alcanza, la penetra y ella
enlazada en el delirio hostil del amor,
cargada de vida en sus entrañas
vuelve a volar.

como yo.

para Krisna

mis entrañas
estallaron en llanto.
mis rodillas,
desplomadas sobre el abismo,
perdieron el rumbo.
vi mi alma pisotear estrepitosamente
los pedazos de vida
que se desvanecieron
cuando elegiste volar.
no pude hacer nada.

ese día
en que la fatalidad mordió mi vientre,
abrazaste con fuerza
el elefante que dormía en tu pecho
y alzaste el vuelo.
yo quise recoger
las esquinas que mi corazón
prestó a tus latidos
el día que naciste.
no pude hacer nada.

hoy
resisto condenada a vivir.
guardo en mi pecho
un infinito teñido de sangre
con tu nombre,
en mis sueños
el eco de tu voz para no olvidarla.

Índice

Esta obra
se acabó de imprimir
con los auspicios de
Charo Fierro y
Antonio J. Huerga, editores

FINIS CORONAT OPUS